Посвящается Зоэ, самой прекрасной
из всех краснощёких помидорчиков

УДК 821.133.1(493)-34-93Массон.03=161.1
ББК 84(4Бел)-442
М32

Rouge tomate
Annick Masson

Массон, Анник.
М32 Помидор, вождь краснокожих / Анник Массон ; перевод с французского: Алина Попова. — Санкт-Петербург : Поляндрия Принт, 2021. — 32 с. : ил.

ISBN 978-5-6046067-2-8

Издательство «Поляндрия Принт».
197342, Санкт-Петербург, Белоостровская ул., д. 6, лит. А, помещение 30-Н часть пом. 2.
www.polyandria.ru, e-mail: info@polyandria.ru

Ответственный редактор *Маргарита Ковалёва*
Литературный редактор *Жанна Гордеевцева*
Художественный редактор *Инна Ларичева*
Корректор *Надежда Питько*

Подписано в печать 26.04.2021.
Формат издания 243 × 275 мм.
Печать офсетная. Тираж 4000 экз.
Заказ № 127875.

Отпечатано в соответствии с предоставленными материалами в типографии SIA «PNB Print», «Янсили», Силакрогс, Ропажский район, Латвия, LV-2133. www.pnbprint.eu

Страна-производитель — Латвия
Наименование производителя — SIA PNB PRINT
Юридический и фактический адрес производителя — «JANSILI», Silakrogs, Ropazu Novads, LV-2133, Latvia
Импортёр / дистрибьютор: ООО «Поляндрия Принт»
Юридический адрес импортёра / дистрибьютора: Россия, 197342, Санкт-Петербург, Белоостровская ул., д. 6, лит. А, помещение 30-Н часть пом. 2
Наименование и вид продукции — книга для детей
Дата изготовления — 26.04.21
Торговая марка — «Поляндрия»

В соответствии с Федеральным законом № 436-ФЗ «О защите детей от информации, причиняющей вред их здоровью и развитию» маркируется знаком
0+

Защиту интеллектуальной собственности и прав ООО «Поляндрия Принт» осуществляет компания
ДЮВЕРНУА ЛИГАЛ

Анник Массон

ПОМИДОР, ВОЖДЬ КРАСНОКОЖИХ

Иллюстрации автора

Перевод с французского Алины Поповой

поляндрия
издательский дом

2021

Оскар родился в понедельник утром,
и его розовые щёчки сияли здоровьем.

Приходя к ним в гости, двоюродные сестрички кричали:
— Смотрите, смотрите, какой он красный!
— Да-да, красный как помидор!

— Это он от крика покраснел, — отвечала мама. — Маленький мой помидорчик! Так бы и съела!

Чем старше становился Оскар, тем краснее были его щёки.

В детском саду это не прошло. Но там дети были с ним заодно.

— Что это вы делаете? — удивлялась воспитательница.
— Хотим быть как Оскар! — кричали друзья.

А вот в школе дружеской поддержке пришёл конец.
Там над Оскаром то и дело потешались, особенно этот кошмарный Жозеф.

Бедный Оскар! Когда ему нужно читать стихи перед классом, он всегда краснеет...

И когда ныряет в бассейн…

И когда садится рядом с Сюзанной.

Вечером Оскар пришёл домой несчастный.

— Вовсе ты не красный как помидор, а просто румяный, это не одно и то же, — утешает его мама. — И тебе очень идёт.

Но Оскару этот румянец кажется жутко уродливым.
И ему совсем не нравится краснеть.

Так что он пытается замаскировать цвет своих щёк...

Но это не так-то просто!

На следующий день
Оскар решает больше не краснеть.

По дороге в школу
он повторяет на каждом шагу:
«Я НЕ БУДУ КРАСНЕТЬ».

Я НЕ БУДУ КРАСНЕТЬ.

Я НЕ БУДУ КРАСНЕТЬ.

Я НЕ БУДУ **КРАСНЕТЬ!**

Вдруг он замечает своё отражение в стекле на автобусной остановке.

— О нет, какой ужас!

Его голова превратилась в огромный помидор.

В школе ему кажется,
что на него все смотрят.

Ему хочется провалиться под землю от стыда.

И он мчится в кладовку под лестницей — спрятаться. Тьфу ты! Место уже занято…

И они долго разговаривают.

— Понимаешь, мне надоело, что меня дразнят Плаксой! Да, бывает, что я пла́чу из-за какой-то мелочи, но это не повод надо мной издеваться!

В этот день учительница объявляет грандиозную новость:
— Мы будем ставить спектакль для школьного праздника!
И дети вопят от радости.

Все, кроме Сюзанны, которая заливается слезами.

— Что с тобой, Сюзи? — спрашивает учительница.
И тут встаёт Оскар:
— Над нами опять будут смеяться, да ещё и на глазах у всей школы!
— Всё будет хорошо, — успокаивает учительница. — Вы сыграете ИНДЕЙЦЕВ!

— А я? — спрашивает Жозеф. — Только не предлагайте мне всякие дурацкие роли!

— Хочешь сыграть шерифа, Жозеф? — предлагает учительница.

И вот все ученики азартно готовят спектакль. Оскар рассматривает волшебные пейзажи, читает о приключениях, и в том числе об индейце по имени Огненная Щека...
«Ничего себе! Значит, не я один так легко краснею», — радуется он.

Родители помогают ему смастерить костюм.
— Ты самый прекрасный из краснокожих!

У Оскара странное ощущение, как будто внутри у него что-то изменилось. Неужели это из-за костюма? Не обращая внимания на шуточки Жозефа, он радуется спектаклю.

— Зови меня Огненная Щека, если хочешь, чтобы я звал тебя шерифом.

И вот великий день настал! Увидев, сколько людей собралось в зале, Оскар снова начинает краснеть. Сердце у него колотится, коленки трясутся. Но он старается дышать спокойно. «Сейчас пройдёт», — уговаривает он сам себя.

И спектакль начинается...

Жозеф выскакивает на сцену.
Но... он нем как рыба!
Застыл на месте как каменный. Забыл слова!
Щёки у шерифа Жозефа становятся всё

краснее, краснее, краснее...

Вот позорище!

Оскар подходит и шепчет ему на ухо:
— Я освобожу вас от этих дикарей!

— ЭМ-М-М...
Я ОСВОБОЖУ...
ВАС ОТ ЭТИХ...
ДИ-ДИ-ДИ-КАРЕЙ... —

смущённо повторяет Жозеф.

Так Оскар спасает спектакль,
и дальше всё идёт без сучка, без задоринки.

А в конце дети замечают кое у кого из родителей на глазах слёзы.

— А что, родители тоже плачут? — удивляется Сюзи.
— Я думаю, они плачут от радости, — шепчет Оскар.

— А я специально забыл свои слова в начале. Но всё равно спасибо тебе, ПОМИДОР! — хихикает Жозеф.

— Не Помидор, а Огненная Щека! Это вовсе не одно и то же! — отвечает Оскар.

И они кланяются публике под грохот аплодисментов.